Joel James. Bio-bibliografía

José Millet

Ediciones Fundación Casa del Caribe,
Venezuela, mayo 24, 2018

ISBN: 9781982937409

Índice

 I.- Cronología comentada de su vida y obra
II.- Bibliografía activa y pasiva de Joel James
Ficha del autor José Millet

Joel James. Bio-bibliografía

"Al morir sentía un placer semejante al amor"

I.- Cronología comentada de su vida y obra

Ofrezco a continuación una cronología comentada con los momentos que para mí son los más reveladores de la vida de Aníbal Joel James Figarola, con la advertencia al lector de que recomendamos ir a la bibliografía colocada al final del presente texto, en la que el poeta León Estrada y editor de la revista **Del Caribe** ha colocado la descripción detallada del contenido de cada uno de los libros y folletos publicados de la autoría de Joel, así como de las fuentes secundarias en que encontramos valoraciones acerca de la obra publicada. Advierto que estuve muchos años sin poder escribir nada acerca de quien consideré mi Maestro mi Padre Las Casas, además de estar alejado de Cuba durante algún tiempo y, durante 13 años consecutivos, he estado viviendo en Venezuela donde, paradójicamente, he comprobado la inexistencia de una sola biblioteca que atesore lo básico de la cultura cubana y menos de su literatura.

Aníbal Joel James Figarola nació en Guanabacoa, La Habana, el 13 de enero de 1942.

En 1947, a los cinco años de edad, su familia se trasladó de La Habana a Banes, Holguín, y en esa ciudad se une a una célula de lucha clandestina desde la que participó en la lucha contra la dictadura de Fulgencio Batista, a quien llegan a prepararle un atentado fallido.

A mediados de la década de los cincuenta, se documenta su participación en la lucha clandestina provocará que los cuerpos represivos de la dictadura se movilicen para localizar a los jóvenes revolucionarios y Joel James tiene que optar por el exilio a Jamaica.

Un año después del triunfo de la revolución y justamente en los arranques de la década de los sesenta, fue miembro del Ejército Rebelde, jefe de redacción de la revista **El Combatiente**, del Ejército Oriental y subdirector del periódico **Sierra Maestra**.

1960…Se desempeña como Jefe de supervisión del Instituto Nacional de la Reforma Agraria (INRA) en la antigua provincia de Oriente y delegado del Instituto Cubano de Arte e Industria Cinematográficos (ICAIC) en Oriente.

En 1973 se graduó en la licenciatura en Historia en la Universidad de Oriente y, ese año, comienza a trabajar como asesor literario y dramático del Conjunto Dramático de Oriente, luego Cabildo Teatral Santiago, aquí comienza su vínculo con el sector cultural. Fue publicado su primer libro que resulta de narrativa, acorde con su inclinación por la historia oral y la Historia, su libro de cuentos **Los testigos,** que se había alzado en el año anterior con el Premio Cuento en el Concurso 26 de Julio del MINFAR.

Funge como responsable del equipo de investigaciones de la Dirección Sectorial de Cultura de Santiago de Cuba y trabajó en la Dirección de Extensión Cultural de la Universidad de Oriente.

Desde el año 1975 y hasta 1976, participó como combatiente internacionalista en la guerra de la República Popular de Angola en contra de la ocupación militar sudafricana que soportaba los movimientos armados en contra del gobierno de Agostino Netto, fruto de cuya experiencia publicará su novela **Hacia la tierra del fin del mundo** e intentó con otros amigos que participaron en aquella experiencia bélica producir un libro de testimonios que nunca se llegaría a publicar.

A partir del año 1976, se le elige como vicepresidente de la filial de Literatura de la UNEAC en la provincia de Santiago de Cuba y se desempeñó como miembro de su Consejo Nacional de esa asociación civil hasta su fallecimiento. Este mismo año salió a la luz pública su primer libro de historia, enfocado a aquel aciago período de la vida nacional en que nace la República bajo en anexo de la Enmienda Platt y se suceden gobiernos en la Isla marcados por la corrupción y la entrega al dominio del Norte. **Cuba 1900-1928. La República dividida contra sí misma,** con la que había obtenido el premio en ensayo en el concurso Combate de Uvero 1974.

Para el año1979?, no con toda seguridad porque no tengo un ejemplar del libro para verificar su fecha, aparece en Santiago s libro **Aproximación al Diario de Campaña de José Martí**, que es para mí uno de los motivos trascendentes y a la vez clave de la producción intelectual y artística de Joel: el testimonio. Acaso sea, con toda seguridad, en que se reafirma en Joel su voluntad narrativa y ve publica una edición aumentada de su primer libro de ficción bajo el titulo **Los testigos y otros cuentos,** al que le añade otros relatos.

En 1980, a un año de su aproximación a la literatura de campaña, la Editorial Oriente le publicará otro libro de historia titulado **Un episodio de la lucha cubana contra la anexión en el año 1900,** ahora enfocado al análisis de los factores en pugna interior frente a la instauración de lo que los historiadores llaman la República neocolonial.

El 23 de junio 1982, en horas de la noche, se produce la proclamación pública, notoria y audiovisual de la fundación de la Casa del Caribe, de la cual Joel James fue su Director hasta el final de su paso sobre la tierra. Aunque contaba con el apoyo del Ministerio de Cultura al más alto nivel, estaba anclada administrativamente a la dirección de cultura del Municipio Santiago de Cuba. Era la primera y la única institución de cultura con proyección internacional fuera de la Urbe Metropolitana habanera y en ella también Joel James fue director fundador de las revistas **Del Caribe** y de **El Caribe Arqueológico**. Pero también ese año Ediciones Unión le publicó **Hacia la tierra del fin del mundo,** novela en que se recrea la vida de los combatientes cubanos en la guerra de Angola en la que, como queda dicho antes más arriba, el autor Joel James participó en la primera línea del combate armado.

Miembro de la Asociación de Combatientes de la Revolución Cubana (ACRC) y también del consejo de redacción de la revista **Honda** de la SCJM.

En 1983 se desempeñó como miembro del jurado del "Premio Casa de las Américas" que funcionó en la ciudad de Santiago de Cuba y eligió la novela **La tragedia del generalísimo**, del escritor venezolano Denzil

Romero, como ganadora de lauro tan relevante en las Américas.

En 1987 Ediciones Uvero, con sede en la ciudad de Santiago de Cuba, le publicó un folleto con fragmentos de su novela **El caballo bermejo**, con ella nuevamente asistimos a las claves del péndulo de Joel James como creador, en el que se mueve entre el escritor de ficción que afinca su garra en la realidad y el investigador de las raíces de la nación, cuya producción se afinca en lo que Wright Mills define como la imaginación sociológica como herramienta discursiva con que se abre paso en el laberinto de la creación. Creo que el empleo creador de ambas pinzas del cangrejo marcarían el carácter de casi todo lo producido y publicado por nuestro biografiado

Y, justamente, considero al año de 1988 como el del arranque de Joel James como lo que fue, de su esencia como creador de literatura y de historias de vida, y para eso vio nacer a la vida de la sociedad su libro de ensayos **En las raíces del árbol**, en que recopila sus inquietudes sobre la vida local, centrado en el carnaval santiaguero, y en el proceso de la formación del etnos y la identidad nacional del cubano. El sello es el de la Editorial Oriente y Joel durante un buen tiempo verá publicadas parte de sus obras en ediciones locales santiagueras…

Es el caso de las Ediciones Caserón, la que puedo afirmar que se llena de gloria por haber acogido en sus páginas el libro de ensayos de Joel que provocará lo que denomino el gap de las tecnologías del espíritu, la ruptura transcendental en la historia de los estudios etno-sociológicos de Cuba. En efecto, **Sobre muertos y dioses,** publicada en 1989, resume en sus 85 páginas la prolongada reflexión de su autor acerca de los mecanismos de intercambio y los principios en que se han sustentado los mal denominados *cultos sincréticos afrocubanos* que no son sino sistemas de pensamientos mágico-religiosos regidos por leyes y principios que el autor expone con un estilo de alto vuelo filosófico.

Tres años después, en 1992, el Centro Dominicana para el Estudio de la Educación (CEDE) en coordinación con la Universidad Autónoma de Santo Domingo (UASD) publicará el libro **El vodú en Cuba** en el que sus autores dimos a conocer al mundo el hallazgo principal del equipo de estudios de las religiones afrocubanas que fundamos en 1982 en la Casa del Caribe: el de la existencia de un sistema religioso que comúnmente se denomina *vodú* haitiano. Según ha relatado el actual director de la Casa del Caribe, Orlando Vergés Martínez, la copia del libro le sirvió a él para fundamentar su propuesta de que se le otorgara el premio nacional de investigaciones socioculturales y el Ministerio de Cultura de Cuba se lo adjudicó, aun cuando el certificado que lo atestigua tiene como fecha el año 1993. Joel expone en esta obra un conjunto de tesis muy importantes para comprender el alcance del aporte de Haití en la historia y la cultura nacional; él titula su texto ACERCA DE LOS MECANISMOS DE INTERCAMBIO CULTURAL ENTRE CUBANOS Y HAITIANOS, que justamente coloqué como la parte I con que arranca nuestra obra.

He manifestado en varios escenarios que ese premio, en acto de justica, lo obtuvimos por la insistencia sistemática de Joel en que había que dar a conocer nuestros hallazgos cuanto antes y así lo hicimos con esta obra que califico de etnológica, en tanto comparamos el vodú de Haití con la variante dominicana del vodú haitiano que se denomina *luasismo* y aportamos la información etnográfica para sustentar la existencia de una *variante cubana* de ese vodú procedente de Haití que Joel bautizaría como *ogunismo*.

La crisis iniciada en 1989 con la caída del Muro de Berlín y de la URSS, se extiende por el Atlántico y llega a la Isla caribeña, donde provocará cambios sustanciales. En 1996 fue publicado su ensayo **Vergüenza contra dinero**, en el que denuncia las desviaciones de la ética proclamada y sostenida en Cuba desde el primero de enero de 1959, fruto de la crisis estructural que tiene lugar en la Isla con la caída de la URSS y, con ella, del campo socialista, del qe dependíamos en casi todos los órdenes de la vida social, comentando por la producción de alimentos.

Frente a esas desviaciones no cabe otro refugio que la denuncia abierta y pública, como la hecha en ese folleto que muy pocos comentaron fuera del círculo de sus amigos íntimos, al que yo pertenecía y el estudio de los principios y valores en que se cimentó lo mejor del cubano. Justamente en esa dirección hacia el rumbo de la honra navega Joel james y en 1997 la Editorial Oriente le publica el volumen **José Martí en su dimensión única** que contiene ensayos en que Joel fija las posiciones de una ética anti-corrupción bien firme y sustentada en lo mejor del patriciado nacional y sus ideas.

Entre 1997 y 1998 trabajé arduamente en la revisión del manuscrito original de nuestro libro que se había publicado en Santo Domingo bajo el título **El vodú en Cuba** y la Editorial Oriente designó a la licenciada Ángela Hechavarría como la editora, con quien continué, presencialmente en la casa editora, la labor de enmienda de algunos errores de forma y de contenido que se nos escaparon cuando lo sometimos para sus publicación a la junta Directiva del Centro dominicano de Estudios de la Educación (CEDEE.) Joel le hace algunas modificaciones al texto de su autoría y apareció en esta primera edición cubana con el título CUBA Y HAITÍ EN LA HISTORIA Y LA CULTURA Acercamiento a los mecanismos de intercambio cultural entre cubanos y haitianos.

Ese año de 1998, Joel integra el colectivo de autores que publicaron **Visión múltiple de Antonio Maceo**, que obtiene el Premio Ramiro Guerra otorgado por la Unión Nacional de Historiadores de Cuba (UNHIC.)

Justamente, el sello Heredia de narrativa de la Editorial Oriente se encargará de publicarle al año siguiente (1999) su novela **El caballo bermejo**, en la que confirmo la garra de Joel James de afincarse en la historia nacional para sus creaciones literarias, en este caso de narrador que logra alcanzar n sitio todavía no reconocido en nuestras letras.

Pero tan significativa como esta novela lo será la publicación de un libro que debería ser sometido a la explicación más rigurosa por parte de los estudiosos e investigadores tanto cubanos como los de otras naciones con las que compartimos intereses comunes; en efecto, en **Los sistemas mágico-religiosos cubanos:**

principios rectores, Joel retoma su tenaz voluntad de aprehender las religiones de base africana en la Isla desde dentro, desde las leyes y principios en que ellas se cimentaron en el pasado para sobrevivir ante tanos cataclismos. En este libro incluye ensayos del folleto Sobre dioses y muertos, los de su proyección acerca del pensamiento abstracto en estos sistemas de pensamiento religiosa y le incorpora su texto La Cuba profunda y la religiosidad popular.

Ese es sin duda un año reverberante de apoteosis y Ediciones Unión publica el conjunto de ensayos acerca de una temática que había sido el objeto de un Congreso Mundial, convocado por la Casa del caribe, me refiero al libro **La muerte en Cuba**; en él incluye sus apuntes acerca de la crisis de posesión que analizábamos con mucha frecuencia en nuestro equipo de estudios de las religiones y su acercamiento al concepto de la muerte en José Martí.

Este mismo año la Universidad de Oriente le otorga el grado científico Máster en Estudios Cubanos y del Caribe, aunque nuestra generación del 70 siempre rehusó reconocimientos y condecoraciones, y Joel James era miembro muy disciplinado de esa Generación.

El Caribe fue objeto en que quedó cimbrando la inquieta mirada de Joel James; su historia de la peculiar manera en que fue forjado, sus valores y creaciones culturales se convirtieron para él más que en objetos de estudio permanente y sistemático en obsesión que se concretaba cada día en reflexiones profundas y acciones que condujeran a develarnos esa esencia que escapa y se refleja en las olas de su mar luminoso y cálido. Es lo que contiene su libro **El Caribe entre el ser y el definir**, publicado por la Editorial Tropical, a través de cuyas páginas hacemos la travesía transatlántica que hicieron los africanos convertidos en piezas de ébano en el interior de los barcos negreros para aplicarlos como fuerza de mano esclava en el sistema de plantaciones de esta región del Caribe, donde la Humanidad se completó para siempre.

El año 2000 engalanaría con el mejor de los atuendos a cualquier vanidoso, pero Joel James era alérgico a las vanidades; el Ministerio de Cultura de cuba le otorga el Premio Nacional de Cultura Comunitaria por la obra de la vida.

Pero no está descaminado quien afirme que la labor fundamental de Joel James estuvo centrada en la historia de Cuba, en el develamiento del largo pleito en que nos forjamos, en el principio y el fin de ese proceso y que nunca se descaminó en la voluntad por reafirmar los valores esenciales que nos elevan al sitio cimero alcanzado en el concierto de las naciones el hemisferio. **Alcance de la cubanía,** publicado en el 2001, fue el libro con que Joel obtuvo el año anterior el premio Emilio Bacardí y él vuelve a aplicarse en la necesidad de hacer consciente el cubano de las contradicciones del pasado que tienen que ver con lo sucedido en él y que se proyectan hasta el presente.

Ese año, la Sociedad Cultural José Martí (SCJM) le otorga la condición de Miembro.

En el año 2002 aparece la segunda edición de su libro **Cuba 1900-1928. La República dividida contra sí misma** con el sello de la Editorial Oriente. Me ha costado mucho escribir esta nota bio-bibliográfica porque he sido testigo de primera mano—junto con el filósofo Julián Mateo, el recién fallecido sociólogo Manuel Ruiz Vila, el historiador Jorge Berenguer Cala y el actor Reinaldo López—de la espiral del ascenso del pensamiento de Joel hacia espacios que sólo la reflexión callada y la formulación meditada nos permitirá reconocer. Cuando le comentábamos por qué percibíamos un silencio en torno de algunos textos publicados de su autoría, Joel James siempre salía con la broma de que sería de que estuviéramos llegando a la edad de los muertos. Decía además que cuando a uno le comienzan a entregar tantas condecoraciones…lo aproximan a la tumba. Y, justo, en ese año, el Ministerio de Cultura de Cuba le otorga el Premio Nacional de Investigación Cultural por la obra de la vida

Ahorita, en vista retrospectiva, comprobamos que el año 2005 podría ser tomado en el presente esbozo cronológico biográfico-creativo como un punto de cierre, casi de despedida. Los amigos de la Asociación de amistad de Italia le publicaron su polémico ensayo **Vergüenza contra dinero**. Pero había una urgencia en Joel de centrarse en dos direcciones en sus estudios: primero, en la reflexión serena de los procesos históricos en medio de los cuales había cristalizado la nación cubana y el lugar que ocupan en esos procesos los sistemas mágico-religiosos netamente cubanos, a los cuales había venido estudiando minuciosamente en la voz de representantes de alto quilate, como la de los oficiantes del *vodú* y del *Palo Mayombe*, quienes le sirven para constatar muchas de sus hipótesis de trabajo. Nuevamente la Editorial Oriente carga con las palmas de haber publicado ese libro que tendré que analizar con detenimiento para emitir un juicio de valor definitivo; me refiero a su libro **Fundamentos sociológicos de la Revolución Cubana (siglo XIX)**.

El 27 de junio del 2006 Joel James falleció en la ciudad de Santiago de Cuba y fue enterrado en el cementerio Santa Ifigenia de esta ciudad. Acabo de visitar s tumba a flor de la tierra donde la hierba fresca parece sonreír al visitante. No estaba avisado de ningún quebrantamiento de salud y me sorprendió la noticia estando aquí en Venezuela, donde me había residenciado cinco meses antes de su siembra. Por tanto todavía desconozco si le dio tiempo a tener en sus manos los libros en que había venido trabajando en una de esas dos direcciones de sus estudios referidas párrafo más arriba. Tengo que felicitar a la Editorial Oriente por la publicación de **La brujería cubana: el palo monte**, libro que marca la concreción de todo los desvelos de Joel, en su voluntad de demostrar que los mal denominados cultos sincréticos afrocubanos estuvieron en la base de la formación del pueblo cubano y que lo han mantenido en su chispeante carácter de sobreponerse a todo, incluso y tal vez en primera plano a la muerte. Desde el año pasado he estado haciendo un esfuerzo sobrehumano por desentrañar de qué se valió Joel James para someternos a tan intensas y fructíferas búsquedas; me satisface poder ofrecer algunas ideas e hipótesis de las que parto para llevar a cabo tan importante exploración teorética.

Ese mismo año del 2006 Ediciones Caserón publicó **La brujería cubana: el palo monte,** en el que se incluyeron algunos textos de la práctica palera publicados en su libro **La brujería cubana: el palo monte** comentado anteriormente.

En el 2007 la Editorial Oriente produce una segunda edición de nuestro libro **El vodú en Cuba**, al que le suprimió uno de los materiales más valiosos de las ediciones dominicana y cubana: sus ilustraciones, fotos incluidas¡¡¡ Echando a un lado mi protesta formal porque conmigo no contaron para tales prácticas de suma gravedad tratándose de un texto etnográfico, ha sido sumamente gratificante ver publicado a un año de su partida su libro **El ser y la historia**, en el que Joel se alea de la orea del simple historiador para dialogar con la historia nacional desde las ventanas de varias ciencias sociales y humanísticas, en primer lugar de la filosofía de la Historia, y me alegra que haya tenido el tino de dedicárselo a nuestro entrañable hermano Julián Mateo.

Este mismo año fueron publicados varios libros inéditos de Joel James, pero sin dudas que entre ellos la novela, premio Guillermo Vidal Ortiz del año 2005, **En el altar del fuego...** Joel nos coloca en la experiencia más fascinante del majá que escapa a su nicho ecológico animal para devolvernos la mirada humana, al revés de que como lo hiciera Kafka con su personaje protagonista Gregorio Sansa en la Metamorfosis. Sólo quienes tuvimos el privilegio de haber vivido la experiencia de los festivales de vodú en le macizo montañoso de la Sierra Maestra, entre la gente de la comunidad de haitianos de La Caridad, en el Ramón de Guaninao o de El Pilón, justo donde nace el río Cauto que irriga todo el Oriente de Cuba, estamos en capacidad de comprender de quién se tratan los personajes de Chuini y de Papa Legbá que estremecen nuestras entrañas cuando los vemos desplazarse por una geografía donde se confunden la geografía física en que ellos han vivido con esa otra geografía de la imaginación y del onirismo a que nos conducen los verdaderos artífices de la letras.

El ciclo de las obras póstumas de Joel James se cierra con las novelas **Semejante al amor**, publicada por la Editorial Oriente, que incluye dos relatos y **Hacia el horizonte**, con el sello Editorial Letras Cubanas y dedicado a la madre de esa actriz Fátima de la Caridad Patterson y Patterson, del barrio de Los Hoyos que pateamos tantas veces en nuestras incansables búsquedas de la *cubanía* en que siempre hemos andado.

José Millet

Los Teques, Guaicaipuro, Venezuela,   abril 18.2018

;

II.- Bibliografía activa y pasiva de Joel James

LIBROS, FOLLETOS Y PLEGABLES

1973

1.- Los testigos. Introducción de la Dirección Política Central de las FAR. La Habana, Editorial Arte y Literatura, 1973. 140 páginas. Premio de cuento 26 de Julio de las FAR 1972. Jurado: Capitán Alfredo Reyes Trejo, Agustín Pi y Noel Navarro. Dedicado: A mis hijas. Índice: Recuerdos de una visita (Cinco capítulos numerados) / Árbol de navidad / Enramadas y San Félix / Carlitos / El informe /

Los testigos (Cuatro capítulos numerados) / Oficio de funerario / El comienzo.

1976

2.- Cuba 1900-1928. La República dividida contra sí misma. Al lector, de Isaac Barreal. La Habana, Editorial Arte y Literatura, 1976. 339 páginas. Premio ensayo Concurso 28 de Mayo, Combate del Uvero, Universidad de Oriente 1974. Jurado: José A. Benítez, Isaac Barreal y Francisco Prat. Índice: Introducción / La formación de las tendencias políticas / I. La primera instancia agrupadora / II. La segunda instancia agrupadora / III. La tercera instancia agrupadora / IV. La cuarta instancia agrupadora / VI. La protesta de los Independientes / VII. La aparente excepción del monopolio político: Alfredo Zayas / Caudillismo y dependencia / I. El monopolio político del mambisado y su degeneración / II. El monopolio político: su apariencia externa / III. El intervencionismo como recurso político / El inicio del nuevo esfuerzo independentista / I. El cambio generacional / II. Machado: último acto del monopolio político / III. El período visto en su conjunto / Apéndice: Datos biográficos de los generales de la Guerra de Independencia durante la República.

1977

Enramadas y San Félix. El autor y su obra, por Efraín Nadereau Maceo. Santiago de Cuba, Dirección Sectorial de Cultura. Asesoría de Literatura y Publicaciones, Colección Plegables, no. 24, 1977. (Plegable)

1979?

F.- 1.-Aproximación al Diario de Campaña de José Martí. Santiago de Cuba, Ediciones Uvero, Serie Gaveta, Ensayo, 1979? 30 páginas.

1979

Los testigos y otros cuentos. La Habana, Editorial Letras Cubanas, Colección Cocuyo, 1979, 108 páginas. Dedicado: A mis hijas. Índice: Recuerdos de una visita (Cinco capítulos numerados) / Árbol de navidad / Enramadas y San Félix / Carlitos / El informe / Los testigos (Cuatro capítulos numerados) / Oficio de funerario / El comienzo / Miriam / Días de mayo.

1980

3.- Un episodio de la lucha cubana contra la anexión en el año 1900. Santiago de Cuba, Editorial Oriente, 1980, 92 páginas. Índice:

Introducción. / I. Iglesia Católica y carlismo en España. / II. Iglesia Católica y carlismo en Cuba. / III. Alternativas política en el cambio de siglo. / IV. Situación particular de la Iglesia Católica en el período. / V. Chapelle, Barnada, Sbarreti. / VI. Situación de la dirigencia cubana para enfrentarse a la anexión en 1900. / VII. Circunstancias alrededor del licenciamiento del Ejército Libertador. / VIII. El desarrollo de la oposición a Sbarreti. / IX. Triunfo aparente y derrota real. / X. Anexión e independencia en 1900.

1982

4.- Hacia la tierra del fin del mundo. La Habana, Ediciones Unión, Colección Manjuarí, novela, 1982. 322 páginas. Consta de 11 capítulos numerados.

1987

El caballo bermejo. (Fragmento). Santiago de Cuba, Ediciones Caserón, 1987. 38 páginas.

1988

5.- En las raíces del árbol. Santiago de Cuba, Editorial Oriente, 1988. 117 páginas. Dedicado a la conga de Los Hoyos. Índice: Introducción / Qué y por qué de la historia local / Cabildo Teatral Santiago: aproximación al carnaval /

Folklore y teatro en la cultura cubana / Inquietudes en torno al arte, la cultura y la historia nacionales.

1989

6.- Sobre muertos y dioses. Santiago de Cuba, Ediciones Caserón, 1989. 85 páginas. Dedicado A los santeros, paleros, houganes y espiritistas de cordón de mi país que creen en lo que hacen y lo hacen para el bien. Índice: A manera de prólogo / El principio de representación múltiple / Indagaciones sobre dioses y muertos.

1992

El vodú en Cuba. Prólogo de Dagoberto Tejeda Ortiz. República Dominicana, Ediciones del Centro Dominicano de Estudios de la Educación (CEDEE) y Casa del Caribe, 1992. [con José Millet y Alexis Alarcón]. 1ra. edición. Índice: Presentación / Prólogo / Agradecimientos / Prefacio / I. ACERCA DE LOS MECANISMOS DE INTERCAMBIO CULTURAL ENTRE CUBANOS Y HAITIANOS / II. ASPECTOS GENERALES DE LA ORGANIZACIÓN Y EL RITUAL DEL VODÚ EN CUBA / A. Aspectos jerárquicos voduistas / 1. Jerarquías sacerdotales / 2. Poderes y atributos de las jerarquías / 3. Plazas del culto/ 3.1 El santuario o caye-mystére (cai-misté) / 3.2 La enramada /

3.3 El poste central o poteau-mitán (poto-mitán) / 4. Otros lugares del culto / B. Aspectos del ritual voduista / 1. Ofrendas o Manyé-luá / 2. Sacrificios rituales / 3. Partes ofrendables de los animales / 4. Ceremonia de fortalecimiento / 5. Ceremonia de levantamiento de santos / 6. Orden de las ceremonias / 7. Consultas a los luases para la preparación de las fiestas / 8. El corte del vevé / 9. Rito de la calabaza y el huevo / 10. El baño de los animales / 11. Rito del amarre de los cuatro caminos / 12. Mecanismos adivinatorios / 13. Ritos de iniciación y bautizo / III. LUASES PRINCIPALES Y SUS CARACTERÍSTICAS / 1. Los luases o santos del vodú / 2. Jerarquización: el luá cabecilla / 3. Hermandad de santos / 4. Traspaso de luases / 5. Relación luá/muerto / 6. El cumplimiento / 7. Relación luá/caballo: el caso de los diablos / 8. El sueño / 9. Cómo se retira un luá / 10. Luases localizados en Cuba / 11. Santos vodú principales: caracterización / 11.1 La familia de los Ogún / 11.2 Santos acuáticos / 11.3 Los Guedés / 11.4 Luases de los caminos y entradas / 11.5 Los santos Ibó / 11.6 Otros luases / IV. LA FIESTA ANUAL A DIVINIDADES QUE SE HONRAN ESPECIALMENTE EN CADA OCASIÓN / 1. El culto a los Masá, Marassás, Gemelos o Mellizos / 2. Ceremonia del culto radá: el luá blanche / 3. El manyé-luá a Legbá / 4. Ceremonias del culto petró en Cuba / 4.1 El manyé luá a Gran Buá / 4.2 Criminel y Togó /

4.3 Servicio a Zaú Pembá / 4.4 Fiesta de la famí o manyé-port / V. VODÚ, MAGIA Y HECHICERÍA / 1. Diablos de las montañas cubanas / 2. Vodú, magia y hechicería / VI. COMIDAS Y BEBIDAS / 1. Introducción / 2. Comidas / Manyé Masá o comida de los Jimaguas / Comida a Legbá / Manyé blanche o del santo blanco / Manyé mort o comida de muertos / Calahí / Bebobí / Maí mulé o maíz molido / Tons-tons / Pitimí / 3. Dulces / Bombón / Table Fey / Table ajonjolí / Table maní / Turrón de marañón / Mantecada / Otros tipos de dulces / 4. Bebidas / Butei-gasín / Tifei / Tafiá / Liqué / Vocabulario mínimo del vodú / Fuentes citadas.

1996

F 2.-Vergüenza contra dinero. Santiago de Cuba, Casa del Caribe, Impreso en el Taller Argenis Burgos 1996. 24 páginas.

1997

7.- José Martí en su dimensión única. Santiago de Cuba, Editorial Oriente, Casa del Caribe, Universidad de Alcalá de Henares, 1997. 154 páginas. Índice: Reflexiones sobre la fundación del Partido Revolucionario Cubano / José Martí, ciencia y conciencia / José Martí, comunicador social / El Manifiesto de Montecristi, ayer y hoy / Martí y el anexionismo / Concepto martiano del hombre común.

1998

El vodú en Cuba. Santiago de Cuba, Editorial Oriente, 1998 [con Alexis Alarcón y José Millet]. 2da. edición. 311 páginas. Dedicado a la memoria de Fernando Boytel Jambú, sabio santiaguero, pionero en los estudios de la cultura franco-haitiana en nuestro país. Índice: Al lector / Agradecimientos / Bajo el signo del vodú / A modo de introducción / I. CUBA Y HAITÍ EN LA HISTORIA Y LA CULTURA / Acercamiento a los mecanismos de intercambio cultural entre cubanos y haitianos / II. ASPECTOS GENERALES DE LA ORGANIZACIÓN Y EL RITUAL DEL VODÚ EN CUBA / A. Aspectos jerárquicos voduistas / 1. Jerarquías sacerdotales / 2. Poderes y atributos de las jerarquías / 3. Plazas del culto / 3.1 El santuario o caye-mystére (cai-misté) / 3.2 La enramada / 3.3 El poste central o poteau-mitán (poto-mitán) 4. Otros lugares del culto / B. Aspectos del ritual voduista / 1. Manger-loa (Manyé-loá) / 2. Sacrificios rituales / 3. Partes ofrendales de los animales / 4. Ceremonia de fortalecimiento / 5. Ceremonia de levantamiento de santos / 6. Orden de las ceremonias / 7. Consultas a los luases para la preparación de las fiestas / 8. El corte del vevé / 9. Rito de la calabaza y el huevo / 10. El baño de los animales / 11. Rito del amarre de los cuatro caminos / 12. Mecanismos adivinatorios / 13. Ritos de iniciación y bautizo / III. LUASES PRINCIPALES Y SUS CARACTERÍSTICAS / 1. Los luases o santos del vodú / 2. Jerarquización: el luá cabecilla / 3. Hermandad de santos / 4. Traspaso de luases / 5. Relación luá/ muerto / 6. El cumplimiento / 7. Relación luá/caballo: el caso de los diablos / 8. El sueño / 9. Cómo se retira un luá / 10. Luases localizados en Cuba / 11. Santos vodú principales: caracterización / 11.1 La familia de los Ogún / 11.2 Santos acuáticos / 11.3 Los Guedé / 11.4 Luases de los caminos y entradas / 11.5 Los santos Ibó / 11.6 Otros luases / IV. LA FIESTA ANUAL A DIVINIDADES QUE SE HONRAN ESPECIALMENTE EN CADA OCASIÓN / 1. El culto a los Masá, Marassá, Gemelos o Mellizos / 2. Ceremonia del culto radá: el luá blanche / 3. El manyé-luá a Legbá / 4. Ceremonias del culto petró en Cuba / 4.1 El manyé luá a Gran Buá / 4.2 Criminel y Togó / 4.3 Servicio a Zaú Pembá / 4.4 Fiesta de la famí o manyé-port / V. VODÚ, MAGIA Y HECHICERÍA / 1. Diablos de las montañas cubanas / 2. Vodú, magia y hechicería / VI. COMIDAS Y BEBIDAS / 1. Introducción / 2. Comidas / 3. Dulces / 4. Bebidas / Vocabulario mínimo del vodú / Bibliografía / De los autores.

1996?

Vergüenza contra dinero. Italia, Associazione Nazionale di Amicizia Italia-Cuba, Circolo di Lecce, Casa del Caribe, 1996?, 47 páginas. En italiano.

1999

8.- El caballo bermejo. Santiago de Cuba, Editorial Oriente, Colección Heredia, Narrativa, 1999. 249 páginas. Índice: Sao del indio / La llegada / Inés / Eugenia / El último fuego.

1999

9.-Los sistemas mágico-religiosos cubanos: principios rectores. Prólogo de Francisco López Segrera. Caracas, Venezuela, Oficina Regional de la UNESCO, Unidad Regional de Ciencias Sociales y Humanas para América Latina y el Caribe, IESALC, 1999. 163 páginas. Dedicado A los santeros, paleros, houganes y cordoneros de mi tierra que creen en lo que hacen y lo hacen para bien. Índice: El principio de representación múltiple / La representación múltiple: casos y relaciones / El espacio de la representación múltiple / Principios de la relación entre dioses y muertos / La Cuba profunda y la religiosidad popular.

1999

10.- La muerte en Cuba. La Habana, Ediciones Unión, Contemporáneos, 1999. 94 páginas. Dedicado A mis compañeros de la Casa del Caribe. Índice: Presencia de la muerte en la cultura cubana / La muerte en los cultos sincréticos afrocubanos / Apuntes sobre la crisis de posesión en Cuba /Presencia de la muerte en José Martí.

2000

11.- El Caribe entre el ser y el definir. Santo Domingo, República Dominicana, Editora Tropical, 2000. 235 páginas. Dedicado A las agrupaciones cubano-haitianas de Barrancas, La Caridad y Pilón del Cauto. Índice: El Caribe entre el ser y el definir / Sociedad y nación en el Caribe / Antonio Maceo, la historia y la cultura popular / Acerca del sistema de plantación en el Caribe / Cuba y Haití en la historia y en la cultura / De la sentina al crisol.

2001

12.- Alcance de la cubanía. Introducción de Julio Corbea Calzado. Santiago de Cuba, Editorial Oriente, 2001. 157 páginas. Premio Ensayo Emilio Bacardí Moreau 2000, Jurado: Ricardo Repilado, Olga Portuondo Zúñiga,

Emilio Hernández. Índice: Proceso de la cubanía / La esclavitud en Cuba / La hispanidad en las Antillas y el año 1898 / Cuba en sí y contra sí / Urgencias y exigencias historiográficas / Negar el no.

2002

13.- Cuba 1900-1928. La República dividida contra sí misma. Santiago de Cuba, Editorial Oriente, 2002. 2da. Edición, 241 páginas. Índice: Al lector / Introducción / La formación de las tendencias políticas / I. La primera instancia agrupadora / II. La segunda instancia agrupadora / III. La tercera instancia agrupadora / IV. La cuarta instancia agrupadora / VI. La protesta de los Independientes / VII. La aparente excepción del monopolio político: Alfredo Zayas / Caudillismo y dependencia / I. El monopolio político del mambisado y su degeneración / II. El monopolio político: su apariencia externa / III. El intervencionismo como recurso político / El inicio del nuevo esfuerzo independentista / I. El cambio generacional / II. Machado: último acto del monopolio político / III. El período visto en su conjunto / Apéndice: Datos biográficos de los generales de la Guerra de Independencia durante la República.

2005

Vergüenza contra dinero. Prólogo de Rafael Carralero, México, Impreso en los Talleres de Reproducciones y Materiales S. A. de C. V., 2005. 42 páginas.

2005

13.-Fundamentos sociológicos de la Revolución Cubana (siglo XIX). Santiago de Cuba, Editorial Oriente, 2005. 189 páginas. Dedicado a Olga Portuondo Zúñiga y Francisco López Segrera, profesores míos. Índice: Introducción / Capítulo I. El período de 1800 a 1868 / Capítulo II. La Guerra de los Diez Años / Capítulo III. Baraguá y la Guerra Chiquita / Capítulo IV. La Tregua Fecunda / V. La Guerra del 95.

2006

14.- La brujería cubana: el palo monte. Aproximación al pensamiento abstracto de la cubanía. Santiago de Cuba, Editorial Oriente, 2006. 314 páginas. Dedicado a la memoria de Vicente Portuondo Martín, tata nganga mayor. Introducción. Autoctonía filosófica cubana / La brujería cubana: aspectos generales / La regla conga cubana / Perspectiva del hombre / Más allá de la nganga / Soledad y muerte / Relaciones entre categorías trascendentales / Prácticas y trabajos paleros. (Primera parte) / Prácticas y trabajos paleros. (Segunda parte) /

La familia religiosa / El trance y la posesión / Kimbisa, vrillumba, mayombe / Límites y tiempo / Glosario.

2006

15.- Cuba la gran nganga (algunas prácticas de la brujería). Ediciones Caserón, Santiago de Cuba, 2006. 168 páginas. Índice: La regla conga cubana / Más allá de la nganga / Prácticas y trabajos paleros (primera y segunda parte) / Glosario.

2007

El vodú en Cuba. Santiago de Cuba, Editorial Oriente, 2007 [con José Millet y Alexis Alarcón]. 2da. Edición cubana. 311 páginas. Dedicado a la memoria de Fernando Boytel Jambú, sabio santiaguero, pionero en los estudios de la cultura franco-haitiana en nuestro país. Índice: Al lector / Agradecimientos / Bajo el signo del vodú / A modo de introducción / I. CUBA Y HAITÍ EN LA HISTORIA Y LA CULTURA / Acercamiento a los mecanismos de intercambio cultural entre cubanos y haitianos / II. ASPECTOS GENERALES DE LA ORGANIZACIÓN Y EL RITUAL DEL VODÚ EN CUBA / A. Aspectos jerárquicos voduistas / 1. Jerarquías sacerdotales / 2. Poderes y atributos de las jerarquías / 3. Plazas del culto / 3.1 El santuario o caye-mystére (cai-misté) / 3.2 La enramada / 3.3 El poste central o poteau-mitán (poto-mitán) 4. Otros lugares del culto / B. Aspectos del ritual voduista / 1. Manger-loa (Manyé-loá) / 2. Sacrificios rituales / 3. Partes ofrendales de los animales / 4. Ceremonia de fortalecimiento / 5. Ceremonia de levantamiento de santos / 6. Orden de las ceremonias / 7. Consultas a los luases para la preparación de las ficstas / 8. El corte del vevé / 9. Rito de la calabaza y el huevo / 10. El baño de los animales / 11. Rito del amarre de los cuatro caminos / 12. Mecanismos adivinatorios / 13. Ritos de iniciación y bautizo / III. LUASES PRINCIPALES Y SUS CARACTERÍSTICAS / 1. Los luases o santos del vodú / 2. Jerarquización: el luá cabecilla / 3. Hermandad de santos / 4. Traspaso de luases / 5. Relación luá/ muerto / 6. El cumplimiento / 7. Relación luá/caballo: el caso de los diablos / 8. El sueño / 9. Cómo se retira un luá / 10. Luases localizados en Cuba / 11. Santos vodú principales: caracterización / 11.1 La familia de los Ogún / 11.2 Santos acuáticos / 11.3 Los Guedé / 11.4 Luases de los caminos y entradas / 11.5 Los santos Ibó / 11.6 Otros luases / IV. LA FIESTA ANUAL A DIVINIDADES QUE SE HONRAN ESPECIALMENTE EN CADA OCASIÓN / 1. El culto a los Masá, Marassá, Gemelos o Mellizos / 2. Ceremonia del culto radá: el luá blanche / 3. El manyé-luá a Legbá / 4. Ceremonias del culto petró en Cuba / 4.1 El manyé luá a Gran Buá / 4.2 Criminel y Togó / 4.3 Servicio a Zaú Pembá / 4.4 Fiesta de la famí o manyé-port / V. VODÚ, MAGIA Y HECHICERÍA / 1. Diablos de las montañas cubanas / 2. Vodú, magia y hechicería / VI. COMIDAS Y BEBIDAS / 1. Introducción / 2. Comidas / 3. Dulces / 4. Bebidas / Vocabulario mínimo del vodú / Bibliografía / De los autores.

2007

15.- El ser y la historia. Santiago de Cuba, Ediciones Santiago, 2007. Dedicado a Julián Mateo Tornés, profesor mío. Índice: Introducción / Breve comentario al ámbito religioso de "Plegaria a Dios" / Palabras en torno al libro Marx, Engels y la condición humana. Una visión desde Cuba, del doctor Armando Hart / La Historia como ciencia / Acercamiento a lo humano / El Ser y la Historia / Luz y sombra en el Manifiesto Comunista.

2007

16.- En el altar del fuego. Premio Guillermo Vidal 2005. La Habana, Ediciones Unión, 2007. 125 páginas. "De cada puerta nace un camino". Joel James Figarola. Índice: Nganga / Chuini / Papá Legbá.

2007

17.- Semejante al amor. Santiago de Cuba, Editorial Oriente, 2007. "Al morir sentía un placer semejante al amor". Joel James Figarola. Índice: Graciela / Enma.

2007

18.-Hacia el horizonte. Santiago de Cuba, Editorial Letras Cubanas,
 2007. "La razón de ser del horizonte es no ser alcanzado jamás". Joel James Figarola. Dedicada a la memoria de Marcelina Patterson. Índice: Cruce de caminos / Razón de las encrucijadas / Detrás de la Gran Piedra.

ANTOLOGÍAS Y LIBROS COLECTIVOS EN LOS QUE HA SIDO INCLUIDO

Anuario de Estudios Cubanos. Ciencias Sociales, tomo 1 (1975); Encuentro de escritores de Oriente (1975); Anuario de Estudios Cubanos. Ciencias Sociales, tomo 2 (1976); Cuentos y relatos (1977); Cuentistas jóvenes (1978); Diccionario de la Literatura Cubana (1980); Cuentos sobre el clandestinaje (1983); Ese personaje llamado la muerte (1984); Quiénes escriben en Cuba. Hablan los narradores (1985); Cuentos de la vida y la muerte (1987); Afrocuba. An Anthology of Cubanwriting on race, politics and culture (Australia, 1993); Muerte y religión (1994);

Vigencia del pensamiento martiano (1995); Presencia africana en el Caribe (México, 1995); Varios enfoques y un hecho: la muerte (1995); Visión múltiple de Antonio Maceo (1998); Afrocuba. Una antología de escritos cubanos sobre raza, política y cultura (Puerto Rico, 1998); El rostro de Santiago Apóstol en Cuba (España, 1999); La Casa del Caribe, sueño y realidad (2000); Santiago de Cuba. Arpa de troncos vivos (2000); Ciudadanos en la nación I (2002); Memorias del XVI Congreso Nacional de Historia 2001 (2004); Diccionario de escritores santiagueros (2005).

COLABORACIONES EN REVISTAS, PERIÓDICOS Y TABLOIDES

CUBA: Moncada, Perfil de Santiago, Sic, Del Caribe, Revolución y Cultura, Coordenadas, El Caimán Barbudo, Anuario del Centro de Estudios Martianos, Bohemia, Granma, Temas, Taller, Casa de las Américas, Sierra Maestra, Tabloide Del Caribe, Santiago, La Gaceta de Cuba, Cartelera, Contracorriente. EXTRANJERO: Iniciativa Socialista (España), Revista de Ciencias Humanas (México), Revista Mexicana del Caribe (México), Excelencias (España), Ciencia y Sociedad (República Dominicana), Exégesis (Puerto Rico), Journal of Caribbean Studies (Puerto Rico)

COLABORACIONES EN PUBLICACIONES SERIADAS, LIBROS COLECTIVOS Y ANTOLOGÍAS

1972.- "Los testigos", en revista Revolución y Cultura. La Habana, no. 6, 1972, p. 67-86.

1975.-"La historia como base para la literatura", en Encuentro de Escritores de Oriente. Santiago de Cuba, 1-5 diciembre 1975, sin paginación, el trabajo tiene 43 hojas.

1975.-"La primera instancia agrupadora", en revista Santiago. Santiago de Cuba, no. 17, marzo 1975, p. 7-46.

1977.-"El comienzo" / "Miriam", en Cuentos y relatos. La Habana, Editorial Arte y Literatura, Pluma en ristre, 1977, p. 5-23.

1978.-"La historia como base para la literatura: el Diario de campaña de Máximo Gómez", en revista Santiago. Santiago de Cuba, no. 32, diciembre 1978, p. 201-232.

1981.- "Aproximaciones al Diario de Campaña de José Martí", en Centro de Estudios Martianos. Anuario. La Habana, no. 4, 1981, p. 181-207.

1983.-"El comienzo", en Cuentos sobre el clandestinaje. La Habana, Editorial Letras Cubanas, Colección Saeta, 1983, p. 203-211.

1983.-"Aproximación al carnaval", en revista Santiago. Santiago de Cuba, no. 54, junio 1984, p. 69-96.

1987.- "Joel James Figarola", "Oficio de funerario", "El comienzo", en Cuentos de la vida y la muerte. Selección y prólogo de Juan Leyva Guerra. Santiago de Cuba, Editorial Oriente, 1987 [i. e. 1988], p. 221-238.

1990.-"Proceso de la cubanía", en revista Temas. La Habana, no. 20, 1990, p. 73-102.

1990.-"Alcance de la cubanía", en Perfil de Santiago. Santiago de Cuba, año III, no. 67, 20 octubre 1990, p. 4-5.

1990.-"Aproximación al carnaval de Santiago de Cuba", en Journal of Caribbean Studies. Vol. 7, no. 2-3, invierno 1989 / primavera 1990. Instituto de Estudios del Caribe, Universidad de Puerto Rico.

1993.-"La semilla de la América nueva habrá de germinar", en Perfil de Santiago. Santiago de Cuba, año IV, no. 80, junio 1993, p. 4.

1993.-"The principle of multiple representation", en Afrocuba. An Athology of cuban writing on race, politics and culture. Edited by Pedro Pérez Sarduy y Jean Stubbs. Ocean Press, Latin America Bureau, Published in association with the Center for Cuban Studies, New York, Australia, 1993, p. 121-124.

1993.-"Sociedad y nación en el Caribc", en El Caribe que nos une. Selección de artículos publicados en la revista Del Caribe 1983-1993. Sin lugar, sin año, p. 43-61.

1994.-"Cuba en sí y contra sí. Una pelea cubana por la identidad ", en La Gaceta de Cuba. La Habana, no. 2, 1994, p. 6-11.

1995.-"Cuba y las migraciones caribeñas", en Perfil de Santiago. Santiago de Cuba, año VIII, no. 89, enero-marzo 1995, p. 14-16.

1995.-"José Martí, ciencia y conciencia", en revista Contracorriente. La Habana, año 1, no. 2, octubre-noviembre-diciembre, 1995.

1995.-"Urgencias y exigencias historiográficas", en Temas. La Habana, no. 1, enero-marzo, 1995, p. 129-132.

1995.-"Presencia de la muerte en José Martí", en La Gaceta de Cuba. La Habana, marzo-abril 1995, p. 812.

1995.-"Concepto martiano del hombre común", en Vigencia del pensamiento martiano. La Habana, Ediciones Creart, 1995, p. 43-56.

1995.-"Presencia de la muerte en José Martí", en Exégesis. Revista del Colegio Universitario de Humacao, Universidad de Puerto Rico, año 8, no. 23-24, 1995, p. 12-17.

1995.-"De la sentina al crisol", en Presencia africana en el Caribe. Coordinadora: Luz María Martínez Montiel. México, Consejo Nacional para la Cultura y las Artes, 1995, p. 53-87.

1995.-"Cuba y Haití en la historia y la cultura. Acercamiento a los mecanismos de intercambio cultural entre cubanos y haitianos", en Presencia africana en el Caribe. Coordinadora: Luz María Martínez Montiel. México, Consejo Nacional para la Cultura y las Artes, 1995, p. 427-479.

1998.-"La Cuba profunda y la religiosidad popular", en La Gaceta de Cuba. La Habana, año 36, no. 5, septiembre-octubre, 1998, p. 7-9.

1998.-"El caballo bermejo (fragmento)", en Visión múltiple de Antonio Maceo. Santiago de

Cuba, Editorial Oriente, 1998, p. 278-288.

1998.-"El principio de representación múltiple", en Afrocuba. Una antología de escritos cubanos sobre raza, política y cultura. Coordinadores: Pedro Pérez Sarduy y Jean Stubbs. Universidad de Puerto Rico, 1998, p. 101-104.

1999.-"La fiesta de Santiago Apóstol en Santiago", en El rostro de Santiago Apóstol en Cuba. Coordinador: José Millet. Santiago de Compostela, España, Fundación Eugenio Granell y Casa del Caribe, Colección Isla, 1999, p. 41-64.

2000.-"Festival de la Cultura Caribeña: el reto del turismo", en La Casa del Caribe. Sueño y realidad. Santiago de Cuba, Casa del Caribe, 2000, p. 53-54. 90

2000.-"Impedir el olvido es una necesidad de todos los oprimidos", en La Casa del Caribe. Sueño y realidad. Santiago de Cuba, Casa del Caribe, 2000, p. 55-58.

2000.-"Chuini", en revista Casa de las Américas. La Habana, año XL, no. 218, enero-marzo 2000, p. 79-81.

2002.-"Cuba: República y Revolución", en Ciudadanos en la nación I. Santiago de Cuba,

Oficina del Conservador de la Ciudad y Fritz Thyssen Stiftung, 2002, p. 250-256.

2005.- "Fiesta del Fuego. Festival del Caribe", en revista Excelencias. España, no. 6, 2005, p. 15.

2005.-"Banes", en La Gaceta de Cuba. La Habana, no. 5, septiembre-octubre 2005, p. 39.

2005.-"Máximo Gómez. Hombre de las Antillas", en Ciencia y Sociedad. Santo Domingo, República Dominicana, Universidad INTEC. Vol. XXX, no. 1, enero-febrero 2005, p. 168-189.

"Vodú", en revista Casa de las Américas. La Habana, no. 233.

"La brujería cubana: El palo monte", en Revista Mexicana del Caribe. México, no. 2.

BIBLIOGRAFÍA PASIVA (No se consigna la bibliografía posterior a su deceso, ni aquella que permanece inédita. El conjunto conformará el tomo "Joel James Figarola: Jugarse la vida en cada empeño"). [BAHR, AIDA]: "Jugarse la vida en cada empeño. Entrevista a Joel James Figarola", en revista Sic, Santiago de Cuba, no. 3, abril-mayo-junio 1999, p. 10-12. BERNARD, JORGE L. Y JUAN A. POLA: "Para mí, el acto de escribir es un intento de abarcar la realidad", en ¿Quiénes escriben en Cuba? Hablan los narradores. La Habana, Editorial Letras Cubanas, 1985, p. 371-383. CARRALERO, RAFAEL: "Prólogo" en Vergüenza contra dinero. México, Impreso en los Talleres de Reproducciones y Materiales S. A. de C. V., 2005, p. 7-13. CORBEA CALZADO, JULIO: "A modo de introducción", en Alcance de la cubanía. Santiago de Cuba, Editorial Oriente, 2001, p. 5-11. FERNÁNDEZ PEQUEÑO, JOSÉ M.: "Caminos para llegar al héroe", en Caminos para llegar al héroe. Santiago de Cuba-Guantánamo, Centro Provincial del Libro y la Literatura, UNEAC, Guantánamo y Editorial Oriente, Colección La Fama, 1995, p. 25-49. LÓPEZ SEGRERA, FRANCISCO: "Prólogo" en Los sistemas mágico-religiosos cubanos: principios rectores. Caracas, Venezuela, Oficina Regional de la UNESCO, Unidad Regional de Ciencias Sociales y Humanas para América Latina y el Caribe, IESALC, 1999, p. 7-10. MÁRQUEZ, JOSÉ DE JESÚS: "Hacia la tierra del fin del mundo", en revista Matanzas, Matanzas, año IV, no. 9, 1983, p. 92-93. MILLET BATISTA, JOSÉ: "Joel James en la historia de la cultura", en Tres siglos de historiografía santiaguera. Santiago de Cuba, Oficina del Conservador de la Ciudad, 2001, p. 151-156. MOLINER CASTAÑEDA, ISRAEL: "Del árbol de las raíces a las raíces del árbol", en Perfil de Santiago, Santiago de Cuba, año 3, no. 49, 10 de mayo de 1989, p. 8. NADEREAU MACEO,EFRAÍN: "El autor y su obra", en Enramadas y San Félix. Santiago de Cuba, Dirección Sectorial de Cultura. Asesoría de Literatura y Publicaciones, Colección Plegables, no. 24, 1977. (Plegable) ORTIZ DOMÍNGUEZ, PEDRO: "Poesía y grandeza de la acción y la resistencia en Oficio de funerario", en Temas Orientales. Holguín, Centro Provincial del Libro y la Literatura, 1990, p. 6483.PÉREZ RODRÍGUEZ, NANCY ELVIRA: "El vodú en Cuba. Un libro para agradecer", en Perfil de Santiago, Santiago de Cuba, año 7, no. 83, febrero de 1994, p. 2. PORTUONDO ZÚÑIGA, OLGA: "Alcance de la cubanía", en revista Sic, Santiago de Cuba, No. 11, julio-agosto-septiembre 2001, p.19. RODRÍGUEZ, PEDRO PABLO: "Vergüenza contra dinero", en La Gaceta de Cuba. La Habana, No. 6, noviembre-diciembre, 1997, p. 58-59. TEJEDA ORTIZ, DAGOBERTO: "Prólogo" en El vodú en Cuba. República Dominicana, Ediciones del Centro Dominicano de Estudios de la Educación (CEDEE) y Casa del Caribe, 1992, p. 9-14.

COLABORACIONES EN LA REVISTA DEL CARIBE

1983.-""Folklore y teatro en la cultura cubana", Año I, No. 1, julio-septiembre, 1983, p. 13-32.

"'La sublevación de El Cobre: una hermosa huella en nuestras luchas por la liberación", Año I, No. 3-4, enero-junio, 1984, p. 4-8. "'Nganga", No. 8, julio-septiembre, 1987, p. 93-107. "'Inquietudes en torno al arte, la cultura y la historia nacionales", Año IV, No. 9, 1987, p. 3-19. "'El principio de la representación múltiple", Año V, No. 12, 1988, p. 19-32. "'Entre los aportes fundamentales del negro africano…", Año V, No. 12, 1988, p. 3. "'Sociedad y nación en el Caribe", Año V, No. 14, 1989, p. 3-15. "'Indagaciones sobre dioses y muertos", Año VI, No. 16-17, 1990, p. 91-100. "'El Caribe entre el ser y el definir", No. 19, 1992, p. 12-23. "'Cuba, México y la cultura caribeña", No. 20, 1993, p. 3-4. "'La vida y la muerte en el espiritismo de cordón", No. 20, 1993, p. 14-24. "'Festival de la Cultura Caribeña: el reto del turismo", No. 20, 1993, p. 95-96. "'Presencia de la muerte en la cultura cubana", No. 22, 1993, p. 31-34. "'Reflexiones sobre la fundación del Partido Revolucionario Cubano", No. 24, 1994, p. 16-26. "'En ocasión de Guillermo Bonfil Batalla", No. 24, 1994, p. 86-88. "'Apuntes sobre la crisis de posesión en Cuba", No. 25, 1996, p. 12-15. "'Cuba: Esclavitud, sociedad e independencia", No. 26, 1997, p. 5-11. "'Final del camino", No. 27, 1998, p. 86-90. "'Impedir el olvido es una necesidad de todos los oprimidos", No. 27, 1998, p. 80-82. "'La hispanidad en las Antillas y el año 1898", No. 28, 1998, p. 13-19. "'El vodú en Cuba", No. 29, 1999, p. 74-77. ""Fundamentos sociológicos de las revoluciones cubanas 1800-1868", No. 30, 1999, p. 3-13. ""El devenir de la transculturación", No. 31, 2000, p. 3-6. ""La regla conga cubana", No. 32, 2000, p. 16-21. ""Pese a todos los estudios realizados...", No. 33, 2000, p. 3. ""Entidades del ser", No. 33, 2000, p. 4-6. ""Historia y cultura popular", No. 34, 2001, p. 22-23.

""Para un nuevo acercamiento a la nganga", No. 35, 2001, p. 22-31. ""Cruce de caminos", No. 36, 2001, p. 58-69. ""Cuba: república y revolución", No. 37, 2002, p. 7-11. ""A veinte años de un inicio", No. 38, 2002, p. 3-6. ""Por la muerte de un tata nganga", No. 39, 2002, p. 25. ""Cuarenta números ininterrumpidos de la revista Del Caribe...", No. 40, 2003, p. 3. ""República, antinegrismo y corrupción", No. 41, 2003, p. 17-20. ""José Martí, la cultura popular tradicional y el equilibrio del mundo", No. 42, 2003, p. 3-5. ""Fundamentos sociológicos de las revoluciones cubanas. La Guerra de los Diez Años", No. 43, 2004, p. 3-15. ""Acerca de Cultura y desarrollo", No. 44, 2004, p. 33-34.

""XXIV Festival del Caribe. Palabras inaugurales", No. 45, 2004, p. 3-4. ""La Historia como ciencia", No. 46, 2005, p. 3-6. ""Palabras inaugurales. 25 Festival del Caribe", No. 47, 2005, p. 3-5.

PREMIOS Y RECONOCIMIENTOS

1993.- Premio del Ministerio de Cultura 1995, por El vodú en Cuba;

1998: Premio Ramiro Guerra de la UNHIC 1998 (colectivo), por Visión múltiple de Antonio Maceo;

2000: Premio Oriente de Ensayo Emilio Bacardí Moreau 2000, por Alcance de la cubanía; 2000: Premio Nacional de Cultura Comunitaria por la obra de la vida;

2002: Premio Nacional de Investigación Cultural 2002 por la obra de la vida;

2005: Premio de Novela Guillermo Vidal Ortiz 2005, por la novela En el altar del fuego.

CONDECORACIONES Y DISTINCIONES

Distinción Raúl Gómez García. 1982; Medalla de Combatiente de la Lucha Clandestina. 1982; Distinción Por la Cultura Nacional. 1983; Medalla de Combatiente Internacionalista de Primera Clase. 1985; Medalla conmemorativa 30 Aniversario de las FAR. 1986; Orden Juan Marinello 1996; Medalla conmemorativa 40 Aniversario de las FAR. 1997; Sello de

Laureado. 2004; Distinción Por la utilidad de la virtud, de la SCJM, 2005; Distinción Majadahonda 1936; Placa José María Heredia.

Ficha académica del autor

Millet, José. (Holguín, Cuba, 28.01.1949). Residencia actual: Avenida Ali Primera, calle Principal, casa 29, Sector La Cruz, parroquia Los Teques, Municipio Guaicaipuro, Estado Miranda, República Bolivariana de Venezuela. Teléfonos: 0416/2168703; 0412/5960330 y (058) (Falcón: 0268)/4608164. E-mail: milletjb3000 @gmail.com//milletjb2004@ yahoo.com

Escritor, investigador, profesor universitario, crítico de arte y guionista de cine, radio y Tv. Filólogo de carrera, ha dedicado sus últimos 36 años de vida a los estudios etnográficos y sociológicos en el área de la cultura popular, especializándose en la temática de las fiestas populares y las religiones tradicionales de base africana y del espiritismo en el Caribe. Hizo estudios de Filosofía en la Universidad de La Habana y, en 1975, se graduó de Licenciado en Letras en la Universidad de Oriente, en la ciudad Santiago de Cuba. Tiene una larga experiencia como docente universitario en su país natal y en otros países. Cientos dc estudios, ensayos y artículos suyos han visto la luz en prestigiosas publicaciones periódicas tanto en Cuba como en otros países y ha publicado dieciocho libros, uno de los cuales alcanzó el Premio en Ensayo José María Heredia, de la Unión Nacional de Escritores y Artistas de Cuba (UNEAC) y dos, en coautoría: **El vodú en Cuba** y **Barrio, comparsa y carnaval santiaguero**, obtuvieron premio nacional en investigación sociocultural que otorga el Ministerio de Cultura de la Mayor de las Antillas. Se desempeñó como Investigador Auxiliar en la Casa del Caribe, prestigiosa institución de la que fue uno de sus fundadores en 1982 y que ayudó, decisivamente, a categorizar como Centro de Investigaciones por parte del Ministerio de Ciencias, Tecnología y Medio ambiente de la República de Cuba. Ha obtenido varios reconocimientos en el área de la investigación científica aplicada a las ciencias sociales y humanísticas. Pertenece a varias organizaciones internacionales, como la Association of Caribbean Studies, el Grupo de Estudios Regionales del Consejo Europeo de Investigaciones sobre América Latina (CEISAL) y la Red de Instituciones e Investigadores de las religiones afroamericanas de la UNESCO, en cuya temática acaba de ser impreso en USA el libro **Sacred Spaces Religious Traditions in Oriente Cuba**…en coautoría con la profesora Dra. Jualynne Dodson, de la Michigan State University, aunque publicado sólo a la firma de ésta. Es miembro de la Red Nacional de escritores de Venezuela. Ha participado en eventos y hecho investigaciones de campo en Europa (tanto oriental como occidental), África, Estados

Unidos, América Latina y el Caribe. Desde el 2005 se desempeña como director del Centro de Investigaciones Socioculturales del Instituto de Cultura del Estado Falcón (INCUDEF), donde publicó el libro **La Guinea, barrio afrocaribeño de Coro** y confeccionó con su equipo el **Atlas Etnográfico del Estado Falcón-Venezuela y el Caribe** (con depósito legal nro. LF-70920083382018 e ISBN: 978-980-12-3437-1), del cual es editor y cuyos primeros resultados en forma de Cuadernos de Avances pueden ser leídos, uno impreso sobre las Turas, y los restantes en varios sitios de Internet. Su último libro biográfico, **Alí Primera, Padre cantor del pueblo** (2008) fue publicado en Caracas por Ediciones de la Presidencia, Palacio de Miraflores, del Ministerio del Poder Popular para la Presidencia de la República.

Colofón